國分康孝［著］
國分久子［監修］

講座

カウンセリング心理学

図書文化

はじめに

教育カウンセリング（スクールカウンセリングと同義）を代表とするあらゆるタイプのカウンセリング実践の指南番を務める学問が、カウンセリング心理学である。ところがカウンセリングという言葉が普及しているほどには、カウンセリング心理学という言葉は教育界でも心理学会でもなじみがない。

思えば、日本へのカウンセリング心理学の知識の入り方がスローだった。アメリカのカウンセリング心理学の骨子は、①カウンセリングの理論、②実存主義の思想（國分はムスターカスに学んだ）、③アルバート・エリスの論理療法である。これらを國分の言葉で伝えてきた。そこで教育カウンセラー協会の会長である私は、自分の理解しているカウンセリング心理学を語りたい。このカウンセリング心理学に関する私の考えを、次世代の人々の研究のたたき台として提示すること――これが本書の目的である。

そして、本書を総論にして、教え子たちにそれぞれの経験を生かして各論を書いてほしい

——これが私の願いである。

各人、書きたくなるテーマを探してほしい。例をあげる。

「カウンセリング心理学を学校経営にどう生かすか」

「カウンセリング心理学をリサーチにどう生かすか」

「カウンセリング心理学の学問を高めていくには」


なお、本書は、『指導と評価』に、「講座 カウンセリング心理学」という連載タイトルで一年にわたり掲載されたものであるが、後半の六回分の原稿は入院して三日で書き上げた。ペンを置いたとき、「自分にはまだこんなに知力が残っていたか」と感慨無量であった。

この連載を提案してくださった池場望・ＪＥＣＡ前広報委員長、そしてこの本を世に出してくださった、図書文化社の福富泉社長、出版部の東則孝さんに、心から感謝申し上げたい。

國分康孝（著）
國分久子（監修）

目次

第Ⅱ部　カウンセリング心理学からみた個別対応・グループアプローチ

第Ⅲ部　カウンセリング心理学の研究法

講座11　カウンセリングサイコロジストの仕事と養成　97

エピローグ　日本におけるカウンセリング心理学の拓く道　103

本書は、『指導と評価』二〇一八年四月号〜二〇一九年三月号で掲載された内容を再構成したものです。國分康孝先生は、連載途中の二〇一八年四月一九日に永眠されました。心から哀悼の意を表すとともに、謹んでお知らせ致します。なお、原稿は病床にて完成されていたため、連載は最終回まで継続いたしました。

図書文化社・出版部

第Ⅰ部　カウンセリング心理学とは何か

講座1　カウンセリング心理学の定義と実体と限界

本稿では、まず、カウンセリングおよびカウンセリング心理学とは何か、その定義を述べたい。次に、カウンセリング心理学の実体を明らかにする。最後に、現在におけるカウンセリング心理学の限界について説明し、これを乗り越える術を提案したい。

1　カウンセリング心理学の定義

(1)　カウンセリングとカウンセリング心理学の定義

私はアメリカで学派の異なる三人の教授からスーパービジョンを受けた。その体験から私は超学派のカウンセリングの定義を開発し、今日にいたっている。「どの学派にも共通する要素は何か」を考えた結果である。

私の考えるカウンセリングの定義はこうである。

「カウンセリングとは、言語的および非言語的コミュニケーションを通して、行動の変容を試みる人間関係である」

では、カウンセリングのプロフェッショナルに必要な知識は何か。抽象的にいえばカウンセリング心理学である。それゆえ、私の関心はカウンセリング（生き方の支援・教育活動）から、活動を支える知識体系（カウンセリング心理学）へと拡大・シフトした。

私はカウンセリング心理学を次のように定義している。

「カウンセリング心理学とは、人間の成長発達を支援するのに必要な、①事実の発見、②発見された事実の説明・解釈・概念化、③行動変容の方法の開発、を目的とする学問（知識・技法体系）である」

(2) カウンセリング心理学の構成要素

以下、カウンセリング心理学の三つの構成要素について、それぞれ略説する。

① カウンセリングに関する事実の発見

調査研究による事実の発見（リサーチ）のことである。リサーチにより的確な判断や対応が可能になる。例えば、測定尺度の測定法、サンプリングの仕方、資料の分析方法など、研究計画を立てるのに不可欠な知識である。質的研究（例：事例研究法）と量的研究（例：統計処理）の両方になじむことをすすめたい（講座7、8参照）。

② 発見された事実の説明・解釈・概念化

発見された事実を説明・解釈・概念化するには、理論（概念の束）を必要とする。その理論とは、心理学、社会学、文化人類学にわたるものである（講座1の3節参照）。人間の行動に影響を与える主たる要因は、個体（心理学の主たる対象）、グループ（社会学の主たる対象）、文化（文化人類学の主たる対象）だからである

③ 行動変容の方法の開発

クライエントがカウンセラーの好みの理論・方法に合わせるのではなく、カウンセラーが

クライエントの状況に適した対応をするという原理に立てば、折衷主義にならざるをえない。折衷主義の思想はクライエント・センタードである。

そこで、行動変容の方法の開発については、折衷主義に立つ個人面接のモデル（例：マイクロカウンセリング、ヘルピング技法）になじむ必要がある（講座５参照）。

個人面接のほかに、もう一つなじむべき方法がある。グループアプローチである（講座６参照）。カウンセリングの特色は、予防開発を主たる目的とするところにある。方法としては、集団を対象に能動的にかかわる方法を開発する必要がある（例：構成的グループエンカウンター（Structured Group Encounter　ＳＧＥ）。

したがって、カウンセリング心理学は、方法・技法の開発については、面接志向とリーダーシップ志向の両方に関心をもつことになる。

(3)　カウンセリング心理学の立ち位置

いまのところ「〇〇心理学」と称するものは、認知心理学、神経心理学、社会心理学などあわせて五十余ある。

この五十余の心理学の中で、人の成長発達の支援（カウンセリング心理学）や進路選択の支援（キャリア心理学）、あるいはメンタルヘルスの回復・維持を支援（臨床心理学）のように人を助ける仕事（helping profession）の指針・フレイム（思考の枠組み）になる心理学を総称して professional psychology（問題解決志向の心理学）という。

対照的に、人生問題解決にはすぐには役立たないが、基礎理論（例：学習、記憶）の構築に役立つ心理学（代表例：実験心理学）がある。これを basic psychology（基礎心理学）、academic psychology（理論志向心理学）、research psychology（研究志向心理学）という。

カウンセリング心理学は、「カウンセリングとガイダンス」関係のリーダーたちが心理学の実証性を導入して一九五〇年代に旗揚げした。それゆえ伝統的心理学（基礎心理学）からみれば心理学界の新参者ということになる。

２ カウンセリング心理学の実体——理論・方法・研究

基礎心理学なら、ネズミや脳波測定具などを連想して、素人もイメージしやすい。カウンセリング心理学には、目で見えるものがない。しかし実体はある。次の三つである。

(1) カウンセリング理論

カウンセリング理論は、主な理論だけでも八つある。精神分析理論、自己理論、行動理論、特性・因子理論、実存主義的理論、論理療法理論、ゲシュタルト療法理論、交流分析理論である。それぞれの類似性と相異を明らかにして、どういうときにどう活用するかを研究する仕事がある。時代や文化の変化に応じて、理論の修正や開発を試みることもある。

(2) 人助けのサービス内容と方法の研究

相手の状況を把握して（アセスメント）、どう対応するか立案し（ストラテジー）、その立案をアクション に移す（インターベンション・介入）という一連の流れを、個別対応についてもグループ対応についても工夫する。

(3) カウンセリング研究法（research method）の工夫

研究方法に大筋のルールはあるが、研究の対象や目的によって工夫が必要である。カウンセリングといえばヘルピングの実践であるが、カウンセリング心理学は実践に関する研究が主になる。ゆえにリサーチ法は、カウンセリング心理学の中心的な実体である。

要約するとカウンセリング心理学の中味は、理論・方法・研究の三つである。この三つがカバーする領域は、「①すべての人間の、②生涯にわたる、③発達課題」である。「すべての人間」とは「悩みを抱えた人だけでなく」という意味である。「生涯にわたる」とは「児童生徒だけでなく壮年も高齢者も」の意である。「発達課題」とは「人生でだれもが通過する課題（例：人との別れ、嫌いな人との共存）」のことである。結論として、カウンセリング心理学の実体を通俗的に表現すると、「文系心理学から見た人生学」となる。理系心理学とは、実験心理学を代表とする基礎心理学のことである。心理学は、自然科学に属するものから社会科学的なものを経て、人文科学的なもの（例：実存主義的心理学）まで幅が広い。

3　カウンセリング心理学の限界を乗り越える

カウンセリング心理学の限界は二つある。一つは、エビデンスベースだけでは助言できないこと。もう一つは、問題領域が限定されていることである。この二つを乗り越えねばならない。

(1)　時にサイエンティストから哲学者へ

文系心理学といえども、カウンセリング心理学は心理学である。科学的根拠をもって実践をヘルプするのが基本原理である。いわゆるエビデンスベースである。ところが、プロフェッショナルサイコロジーは人生の問題を扱うので、エビデンスベースだけでは助言できないことがある。

例えば、「君の点数だと○○大学に合格する率は七○%だ」と情報提供すると、「私は七○%に入っているでしょうか」と受験生は問う。

「統計によると君と同じ点数の人が百人受験したら七○人は合格している（エビデンス）

ということだ。君個人が七〇人の一人かどうかは何とも言えない」「何とも言えない」のはエビデンスを越えた問いだからである。何か言ってやりたいが無責任なことは言えない。これが科学としての心理学の限界である。エビデンスを越えて発言する勇気がないと、この受験生は救われない。

「どっちに転んでも人生はなるようになるものだ。受けるだけ受けるという程度で受験しろ」――親ならそう言える。プロフェッショナル心理学は、哲学・思想を導入してエビデンスの限界を乗り越えることをためらわないことだ。研究オンリーの心理学ではないからである。

実践志向の心理学は、時にサイエンティストから哲学者になることを恥じてはならない。論理療法のアルバート・エリスは「私は心理学者よりも哲学者の影響をより多く受けた」と語っていた。

(2) 社会学・文化人類学(文明評論家的見識)になじめ!

カウンセリング心理学のもう一つの限界は、家庭・学校・職場に関係した問題領域に限定されていることである。

家庭・学校・職場環境に社会・文化が影響し、その結果、特定個人や特定グループ、特定組織に問題が生じることがある。

例えば、土井隆義『友だち地獄――「空気を読む」世代のサバイバル』（ちくま新書、二〇〇八年）がそれである。この本に「教室はたとえて言えば地雷原」という川柳があった。この地雷原はテクノロジー文化の所産である。その意味はこうである。すぐに応答できる通信道具があるゆえに、すぐに応答しないと友人を失うという不安、いつ見捨てられ敵視されるかという恐怖。これは時代の所産である。

カウンセリング心理学の限界を越える学問として、社会学・文化人類学がある。すなわち、文明評論家的見識にカウンセリング心理学はなじむ必要がある。

例としてエーリッヒ・フロムをあげたい。私の意訳であるがフロムは言う。「フロイドとマルクスのどちらが偉いか。マルクスのほうが偉い。フロイドは家庭生活が人間に及ぼす影響を指摘したが、マルクスはその家庭生活を支配する社会文化を指摘したからだ」

講座2　日本におけるカウンセリング心理学の現状と課題

カウンセリング心理学は、人間の成長発達を支援するカウンセリング活動の羅針盤を務める心理学である。

羅針盤を務めるとは、次に列挙する七つのフレーム（思考の枠組み）で、カウンセリング活動を点検するという意味である。

1　カウンセリング心理学のフレーム

フレーム1

カウンセリングの主たる対象は、「問題を抱えた健常者 normal people with problems」である。ここでいう「問題」とは発達課題のことである。「健常者」とは、現実原則に則して生きている人の意である。

フレーム２　障がいをもつ人に対しては、その人の能力（ポジティブな各面）に注目してかかわる。

フレーム３　カウンセリングで扱う問題は、「現時点での current」「個体間 inter-personal」あるいは、「個体と環境間 personal-environment interaction」が主となる。

フレーム４　カウンセリングの方法は、個別面接だけでなく、グループアプローチ（例：ワークショップ方式）や組織・システムぐるみの対応（例：チーム支援）なども含む。

フレーム５　個別面接のセッション数はおおむね十数回以内、期間はおおむね半年以内。心理療法より短期である。

フレーム６　カウンセリングは心理療法と異なり、教育志向・キャリア発達志向である。

フレーム７　カウンセリングには「問題解決 remedial」「予防 preventive」「開発 developmental」の三つの機能がある。これらを総称して「育てるカウンセリング」という。

2 カウンセリング心理学の現状

日本ではカウンセリングは時代の寵児であるが、その親たるカウンセリング心理学には、まだ十分に日が差しているとはいえない。すなわち、心理学界で市民権を得ているとはいいがたい。そう判断される事実が四つある。

カウンセリング心理学が市民権が得られていない四つの事実

一つは、日本ではいまのところ、「カウンセリング心理学」と銘打った大学院のコースがないこと。学部心理学科でも、「カウンセリング心理学」という開講科目がない大学が少なくない。

第二に、日本ではいまのところ、「カウンセリング心理学会」と称する学会がない。日本カウンセリング学会は、一九六七年に「日本相談学会」という名称で発足した。当時、カウンセリング心理学会にしようという声はなかった。二〇年後に「カウンセリング学会」に改称されたが、そのときも、カウンセリング心理学会という名称は話題にならなかった。

思うに、当時の学会理事は、教育心理系、学校教育系、臨床心理系、カウンセリング心理系、特殊教育系など多様であったので、全員が納得できる共通のフレームは、「カウンセリング」が無難であった。英語名は The Japanese Association of Counseling Science である。Counseling Psychology よりも抵抗が少なかったと思われる。

第三は、公認心理師のカリキュラムに、「カウンセリング心理学」という科目名がリストアップされていないこと。

第四は、カウンセリング心理学ベースのスクールカウンセラーは、臨床心理学ベースのスクールカウンセラーに比して、採用・給与で冷遇（差別）されてきたことである。

3　日本のカウンセリング心理学の課題

市民権獲得の道――課題に知力で対応せよ

ではなぜ、カウンセリング心理学は心理学界で市民権を得にくいのか。どうしたら市民権を得られるのか。結論からいえば、次に列挙するカウンセリング心理学の態度が問われる課題（事態）に知力で対応することである。それが、市民権獲得の道である。

課題その1　ロジャーズ理論の扱い方

ロジャーズ理論の扱い方が、日本のカウンセリング心理学の歩みを遅らせたと考えられることである。ロジャーズの信奉者たちは、「共感的理解のある傾聴」で不和でも育児相談でもこなせると思っていた。心理学の素人でも共感性が豊かであればカウンセリングはできるというビリーフであった。

エビデンスベースの心理学の出る幕ではなかった。ロジャーズ派の一強に疑問を呈する心理学者が当時（一九五〇年代～一九七〇年代）はいなかった。結局、ロジャーズのカウンセリングは普及したが、その基礎となる心理学の実証性は共有されなかった（ロジャーズがデビューした一九四〇年代にはまだカウンセリング心理学という名称はなかった）。

課題その２　心理療法とカウンセリングの識別

また、ロジャーズは心理療法とカウンセリングの識別をしなかった。したがって日本のロジェリアンの多くは、「カウンセリングと心理療法は同義である。両者を識別する必要はない」とのビリーフを定着させた。

課題その３　学問のアイデンティティの混乱

この土壌の上に一九九五年ごろから臨床心理学ベースの臨床心理士が登場した。臨床心理士とは「自己実現を手伝うもの」とある。すなわち臨床心理学もカウンセリング心理学も識別できないというロジャーズ風の認識である。これは学問のアイデンティティの混乱 identity confusion である。カウンセリング心理学のフレームではそう考える。

さて、カウンセリング心理学が心理学界で市民権が得られにくい事情として、ロジャーズと臨床心理学のビリーフを述べたがほかにもある。

課題その４　教育ベースと心理ベースの親和性の問題

ガイダンスのリーダーたちが、一九五〇年代前半に「カウンセリング心理学」に呼称変更した。それゆえ、カウンセリング心理学は教育出身の心理学である。

ところが、心理学者のマジョリティは心理学出身である。心理学ひと筋に生きてきた人間と、教育学、ソーシャルワーク、神学などから途中転入してきた人間と同じにされたくない。それゆえ、「カウンセリング心理学」専攻でなく「カウンセリング」専攻が妥当ではないか。このような抵抗が仮説される。たとえていえば、海軍兵学校（四年制）出身の将校が学徒出身（八カ月）の将校をスペアと見下げた心理である。

心理学出身者が非心理学出身の心理学者に抱く違和感は、後者が実証的検証（リサーチ）へのなじみが乏しいことにあるようである。実証の代表例である統計学は科学的・客観的をモットーとする心理学界では常識である。ところが、非心理学出身の心理学者は元の古巣時代の文献研究、思想的考察、実践報告から数量的研究に切りかえが不十分という場合がある。ゆえに日本のカウンセリング心理学は、エビデンスベースの研究を進めることと、非心理学出身者の特色（例：思想、哲学、社会福祉、文学、ガイダンスになじみがある等）を生かした分野（例：SGE、Q-U、アクティブラーニング）を拓くことである。

本稿の最後に、カウンセリング心理学の存在意義が、ヒューマンサービスの世界で周知・理解・支持されるための方策を提唱したい。

4　カウンセリング心理学の自己主張

方策の第一は、折あるごとにカウンセリング心理学、学校心理学、臨床心理学の比較論を示すこと。学問分野（discipline）のアイデンティティを浮き彫りにすることである。

このアイデンティティに基づいて、資格所有者はそれぞれのプロフェッショナルアイデンティティを宣言するわけである。すなわち「自分はだれに対して、何の目的で、どのような対策を講ずることが期待されているのか」についての自覚が定まるわけである。このプロフェッショナルアイデンティティがあいまいな人間は辺境人（marginal man どっちつかずの人間）である。境界の両方から敬遠される。

第二は、キーワードの定義を明確にすることである。定義に真偽はない。整合性のある知識体系の構築に役立つ構成概念であるかどうかが問われる。すなわち論理があればよい。キーワードの代表例はスクールカウンセリング、心理臨床、心理療法、カウンセリング、心理師、心理的支援、カウンセラー等。「心理師とはカウンセラーのことか」「臨床心理士とは臨床心理学のプラクティショナーのことか」——定義を求める問いの代表例である。

講座3　カウンセリング理論の有用性と実体と今後の展開

カウンセリング心理学の実体は三つある。カウンセリング理論、カウンセリングの方法論、カウンセリングの研究法である。

本稿ではカウンセリング理論の有用性（何の役に立つか）についてまず語り、カウンセリング理論の実体（構成概念）と今後の展開にふれたい。

1　カウンセリング理論の有用性

有用性その1　カウンセリング場面にヒューマニティを保つ機能

一九六一年、実存主義的心理学者クラーク・ムスターカスは授業でこう言った。

「クライエントと対話するときは理論を捨てよ。相手の内的世界を共有するつもりで相対せよ」と。

私は問うた。「ではいったい何のためにカウンセリング理論という科目を履修させるのか」と。ムスターカスは断定的にこう応えた。

〝Life is not a theory.〟

私にはこれがその後ずっと公案になった。そして、やがて次のように自答するようになった。カウンセリングは、理論どおり折り目正しくすすめて奏功するものではない。カウンセラーのパーソナリティを生かした対話でなければ人の心に響かない。パーソナリティを生かすとは、カウンセラーが自分の気持ちに忠実な言動をとる自由さ（とらわれのなさ）を発揮するということである。

このときにカウンセリング理論を知っていると、自分の自由さがクライエントを害することがあるとの自己抑制が働くのでヒューマニティが保たれる。理論の枠がないと、恣意的・自己中心的・幼児的な言動に気づかない。すなわち相手の権利を奪うよけいな好意に堕してしまうおそれがある。

したがって、カウンセリング理論は、カウンセリング場面にヒューマニティを保つ機能を果たす役割がある。

カウンセリング理論には、カウンセラーの言動を自己規制する機能のほかに、あと三つの有用性がある。

有用性その2 リサーチの仮説を立てる機能

例：ＰＭ理論からの仮説は、ルールと人間関係のある学級はいじめが少ないはずであるとなる。

有用性その3 状況を解釈する機能

例：行動理論なら上司に無愛想なのはソーシャルスキルの学習不足である。精神分析理論なら父親への敵意の転移である。

有用性その4 リサーチの結果への考察に活用できる

例：発見された事実の意味づけ・意義・活用法 implication などの提示。

以上を要約するとこうなる。カウンセリング理論は、カウンセリングの実践者にとっても、研究者にとっても有用な知識体系である。

では、カウンセリング理論とはどういう内容のものか。

２　カウンセリング理論の実体

戦後、カウンセリングという概念が日本に導入されたとき（一九五〇年代）、カウンセリング理論はフロイドの精神分析理論とロジャーズの自己理論しかなかった。

しかし二〇〇〇年代のいまではこの二つに加えて、行動理論、認知行動理論（例：エリスの論理療法、ベックの認知療法）、特性・因子理論、ゲシュタルト療法理論、交流分析理論、実存主義的アプローチなどがある。ここでいう理論とは概念の束のことである（例：自己理論なら自己一致・否認・歪曲。ゲシュタルト療法なら図と地とエクササイズ）。

これらの諸理論が提示しているいくつかのキーコンセプトは、次の五つの事項にわたっている。

(1)　パーソナリティの形成または構成要素に関する概念。
(2)　問題が生じる理由の説明概念（etiology）。臨床心理学では etiology ではなく psychopathology（心的疾患論）。
(3)　カウンセリングの目標は何か。健常なパーソナリティとはどういう状態のことか。

(4) 健常な状態にするために、あるいはその状態を保持するためにカウンセラーは何をするのか。アセスメント、ストラテジー、介入(インターベンション)に役立つ諸概念はどういうものか。

(5) 健常な状態になるために、あるいはその状態を保持するためにクライエントは何をするのか。

これら五つの事項について、概念を用いてガイドラインを示すのがカウンセリング理論である。ところがいまのところ、どの理論も五つの事項についてパーフェクトな対応ができているわけではない。例えば精神分析理論は、「洞察」「修正感情体験」「カタルシス」は対応法として提示できるが、ソーシャルスキル訓練のような行動の教育については不得手である。論理療法は、知性は満足させても、感情体験を求めている人にはいまひとつものたりない。

そこでカウンセリング諸理論を相互に組み合わせて使うとか、一つの観点(例:ビリーフ)で統合するといった、カウンセリング諸理論のマネジメントが必要になってくる。これはカウンセリング心理学の仕事である。

カウンセリング理論について三つ目に語っておきたいことは、これらの諸理論の今後の展開である。

３　カウンセリング理論の今後の展開

(1)　個別面接志向のカウンセリング

アメリカの著名なカウンセリング心理学者アレン・アイビイは、カウンセリングを「インタビューのスキル」ととらえた。すなわち、カウンセリングの原点は個別面接にあるという考えである。

アメリカでカウンセリング心理学が旗揚げされたころ（一九五〇年代～一九六〇年代）、アイビイもカーカフも國分も院生であった。そのころのアメリカは、個別面接志向のカウンセリングであった。

(2)　グループにも適用できる研究を！

ところがその後（一九七〇年代）、人間性回復運動がおこり、グループアプローチ（グループエンカウンター、感受性訓練など）が注目されるようになった。学校ではガイダンスカリキュラムといって、面接法ではなくワークショップ方式でプログラムを用いる方法の展開がスクールカウンセラーの職務になってきた。

そこで、これまで個別面接を支えてきたカウンセリング理論をグループアプローチにどう活用するかが今後の課題となる。グループアプローチとは、グループの機能を活用し個体の行動変容をめざす方法のことである。

授業形態のソーシャルスキル教育がその例である。行動療法のベースである行動理論を行動カウンセリング志向に活用し応用している。

構成的グループエンカウンターは、ゲシュタルト療法のエクササイズを治療志向から教育志向にマイルドなものに修正し（心的外傷と抵抗予防のため）、未成年のグループにガイダンスカリキュラムとして適用できるようになっている。

このように、これからのカウンセリング理論は、グループにも適用できるよう研究される必要がある。これもカウンセリング心理学の任務である。

國分の体験

カウンセリング理論についての私的体験

私はアメリカ留学を終えて帰国したとき（一九六六年、三六歳）、師匠霜田静志にこうあいさつした。「これからは自分の理論をつくるための精進をしたい」と。師はこう即答された。「國分君、君の齢で自分の理論をつくろうとしちゃだめだ。先達たちが何を考え何をしたかをつぶさに知ることだ。それをしているうちにだんだん自分の考えが定まってくる」

そのとおりだった。先達の考えを私の言葉でまとめた『カウンセリングの理論』（誠信書房、一九八〇年）のあと、私の考えが定まってきた。五〇歳ごろである。考えが定まるとはフレームがいくつか定まるということである。それゆえ私の場合は著作が急増した。切り口（フレーム）が定まると、歯切れよく自己表現できるようになった。

講座4　カウンセリング理論の類型と連携

本稿では、カウンセリング心理学に課せられた仕事は何かをひもとき、その仕事のために、カウンセリング諸理論をグルーピングして活用する方式について述べる。

1　カウンセリング心理学の仕事

カウンセリング心理学は学問である。学問とは知識体系（a body of knowledge）である。知識体系とは概念の星座（constellation of concepts）である。つまり概念のワンセットである。例えば精神分析理論は、エス・自我・超自我・防衛機制・リビドー発達・コンプレックスなど諸概念のワンセットである。自己理論も行動理論も、それぞれの概念を星座のようにまとめてワンセットにしている。

このようにカウンセリング諸理論は、ワンセットずつ林立共存はしているが、現在これら諸理論が一つの上位理論で集大成され、公認されてはいない。共生・共存状態である。

この状態に対してカウンセリング心理学は、折衷主義 eclecticism という原理で対応してきた。折衷主義とは、どの理論がどの理論よりすぐれているかを論ずるのではなく、どういうときにどういう理論が適切かを考える立場である。アレン・アイビイの提唱がそれである。曰く、“Which treatment to which individual under what conditions.”（意訳：対応方法は個々の事情に合わせて考えよ。一概に決めないことだ）この折衷主義には二つの哲学が影響している。プラグマティズムと実存主義である。プラグマティズムは、もののよしあしを判断するとき「それは目的達成の役に立つか」と自問する。実存主義は「一人一人のクライエントが実存（主体者）である。理論は実存ではない。人間（実存）は理論を超える」と考える。

結論として、各理論を混乱もなく乱用もなくクライエントのためにどう活用するか、これがカウンセリング心理学の仕事になる。その仕事のために、カウンセリング諸理論をいくつかグルーピングして（類型化）、状況に応じてグルーピングを活用するという方式が考えられてきた。私の見聞では三つの方式がある。方法別、思想別、三位一体論である。

2　方法別の類型

一九六〇年代、カウンセリング心理学の初期のころの分類が「方法別」である。いまも活用できる。当時存在していたカウンセリング理論を三つにグルーピングし、研修生にはそれぞれになじませる方式がとられていた。

(1)　リレーションシップを主軸にするもの

リレーションとは、相互に防衛機制を発動しなくても保たれる人間関係である。学派によってその内容が異なる。ムスターカス（実存主義派）のリレーションは、クライエントの内界を共有するリレーションである（例：少年ジミーが死の恐怖で泣いているとき、ムスターカスはジミーの手を握って一緒に死の恐怖を味わっていた）。

この内界の共有のほか、その後、クライエントをヘルプする、クライエントとコンフロント（対決）するを加え三つのリレーションを提唱した。ロジャーズ派は「非審判的雰囲気」をつくるのがリレーション形成である。精神分析では分析者は喜怒哀楽を表現せず「白紙の状態 empty screen」で対応する。つまり治療的関係 therapeutic relation を大切にした。

(2) 洞察を主軸にするもの

精神分析理論では、無意識を意識化（洞察）すれば、無意識にふり回されなくなる（行動の変容）と考えた。しかし、ゲシュタルト療法は、感情を伴った洞察でないと効果はないと唱え、エクササイズを介してクライエントが自力で洞察できる指導法を開発した。ロジャーズはクライエントが「いまここ」での感情に気づくこと（awareness）を提唱した。エリスはクライエントによる自分のイラショナルビリーフの発見を提唱した。

(3) 行動を主軸にするもの

あいさつやものの頼み方などスキルの学習不足の場合に行動の仕方を教える、不安・恐怖など感情を修正したいときは脱感作法など治療的行動を体験させる、現実原則を定着させて集団に安定性をもたらすときにはルールを守る行動を要請するなど。

以上三つのグルーピングに研修生をなじませるため、それぞれの分野の出身者にスーパービジョンを受ける方法が当時はとられていた。それゆえ学派による対立抗争はなかった。

3　思想別の類型

一九七〇年代以降にとりあげられた三類型がある。フロイド精神分析系（自然主義）、行動理論系（プラグマティズム）、実存主義系（現象学）である。

(1) フロイド精神分析系（自然主義）

日本の心理学界では、精神分析は永年にわたり招かれざる客であった。実証性に乏しいという理由である。いまは偏見をもたれなくなったが、専攻者は少ない。それは医師でないと正規のサイコアナリストとして認められない歴史があったからと思われる。

しかし医師でなくてもカウンセリング心理学専攻者は、精神分析系の理論になじむ必要がある。個人・集団の状況を読みとるのに有力な仮説を提供してくれるからである。すなわち観察法・面接法によるアセスメントに有用である。

(2) 行動理論系（プラグマティズム）

行動系の理論は、対症療法的に対応するときには不可欠である。なぜそうなったのかという原因が解釈できないときでも（精神分析系が役に立たないときでも）、とりあえずの対策（プログラムづくり）が立てられるので助かる。しかし行動系は、「生きる意味」といった思想のからむ問題は苦手である。

(3) 実存主義系（現象学）

実存主義系は、「私はこう思う、こう感じる、こうしたい」という「自分の認知の世界」を行動の原点にする。それゆえ、プラグマティズムの行動系からみれば非現実的であり、自然主義哲学の色彩の強い精神分析系からみると、幼児的・自己中心的・ナーシシズム志向と映るであろう。しかし、「あやまちを犯さない神の奴隷になるよりは、あやまちを犯してもよいから、自分の人生の主人公になるほうが生きている意味がある」といった青年のような気概が人生で大事なこともある。

最後にあげるのが、カウンセリング諸理論を相互に関連づけるモデルである。アルバート・エリスの発案による。

4　三位一体論――思考・感情・行動は相互に関連

エリスはカウンセリングの諸理論は、帰するところは「ビリーフ（認知）」の変容にあるとした。ビリーフ（思考）が変わると感情が変わる。それに伴って行動も変わる。思考・感情・行動は相互に関連し合っている。私はこれを「三位一体論」といっている。このエリスのモデルはガイダンスカリキュラムを作成・展開するときの原理（プリンシプル）として有用である。

またカウンセリング理論は少なくとも八つあるが、一つたりない理論がある。感情を昂揚させる理論である。

エリスは笑いを誘う歌唱を提唱したが、これは実利性はあるが理論化されなかった。音楽療法は、いまのところカウンセリング理論に融合されていない。現状は認知・行動に偏向気味ゆえである。漫才・落語・川柳・高吟なども含めて、感情を介して生を深く味わうとか生への意欲を高めるカウンセリング理論がほしい。

5　カウンセリング理論の共存から交流へ

複数の類型をもつカウンセリング理論が相互に交流し合って、一つの各論を提唱する機運がある。例を三つあげる。

① 構成的グループエンカウンター――ゲシュタルト療法、論理療法、実存分析、自己理論の統合。

② 再決断療法――交流分析のシナリオをゲシュタルト療法技法で修正する方法。

③ 対話のある授業――インストラクションとシェアリング、すなわち認知と感情の統合。

それゆえ、従来のカウンセリング理論をすべての類型について体験学習しておくことが望ましい。好きでなくともプロフェッショナルとして必要なことは学んでおくのが職業倫理である。

第Ⅱ部　カウンセリング心理学からみた個別対応・グループアプローチ

講座5 カウンセリング心理学からみた個別対応

臨床心理系の個別対応とカウンセリング心理系のそれとは考え方（フレーム）が異なっている。これが本稿執筆の前提である。その相異は帰するところ、「伝統的な個別対応」からの脱却の度合いの差にあると思われる。

1 伝統的個別対応からの脱却

伝統的個別対応とは、フロイド精神分析志向の面接法とロジャーズ来談者中心療法志向の面接法のことである。両者の共通項が三つある。第一は、来るものは拒まず去るものは追わずの受身的姿勢。第二は出来事（例：夫婦不和）は問題にせずパーソナリティ変容を主題とする傾向。第三はセッションを数十回、百回以上重ねるのが通常とされていたこと。

クライエントが心理療法的な対応を期待しているなら、この伝統的方式が有効なこともあろう。心理療法的対応とは、個体内の問題（intra-personal problem）例えば不安・恐怖・定着・葛藤・罪障感を減少させるために、継続して対応するという意味である。

ところが個体間（inter-personal）あるいは個体と環境間（personal-environment interaction）に対応するカウンセリング心理系の個別対応は、パーソナリティ変容よりも、コンサルテーション（情報提供・助言。例：育児相談）や権利擁護（アドボカシー advocacy 例：被差別者への支援）など、能動的に、少ないセッション数で、問題解決志向の面接を行うことが多い。したがって、面接技法も時間のかからない簡便法 brief method の開発（例：カタルシスに時間を費やさない。面接を一回二〇分にする。課題を出す）が必要になる。

面接のスキルは簡便法のほかにも開発すべきことがある。それは時代に応じて新しい問題が生じるので対応のスキルを開発する必要があるということである。例えば、顧客や保護者からのクレームに対応するスキル。部下・生徒に訓戒・指導する面接のスキル。要するに旧来のパーソナリティ・チェンジのための面接とは異なるスキルを、カウンセリング心理学は研究・開発する任務がある。

2 カウンセリング心理系の個別対応

(1) 個別対応の定型の提示を

伝統的個別対応からの脱却が、カウンセリング心理系の個別対応の課題であると述べた。第二の課題となるのは、カウンセリング心理系の個別対応の定型の提示である。臨床心理系には個別対応の定型はない。それぞれのセラピストが自分の寄りどころとする理論を用いて面接をしている。

ところが人間の生涯にわたる発達課題を対象にしているカウンセリング心理系は、特定の理論一つだけですべての問題に対応できないことを知っている。学業・キャリア・社会性・人間関係・性格・健康・家族・産後など発達課題は多様である。

それゆえに、どんな問題にもとりあえず対応できる面接の方式（カウンセリング面接のモデル）を必要とする。そこで登場したのが、アレン・アイビイの「マイクロカウンセリング」、ロバート・カーカフの「ヘルピング技法」である。

(2) マイクロカウンセリング

アイビイの功績は、現存する主たるカウンセリング技法を受身的なもの（ロジャーズ式のかかわり技法）から能動的なもの（対決・自己開示）まで順に並べ、受身的と能動的の二極の間を自由に移動して、クライエントの洞察と行動を促進する方式を提案したことである。

これは、職場での部下対応にも活用できる。

(3) ヘルピング技法

カーカフのヘルピング技法も、職場など日常生活の場面でも使える方式である。

アイビイの方式は各技法が原型のまま並べられているが、カーカフは主要技法を融合・整理して、「リレーション→気づき→アクションを起こす」と、その手順を単純化した。

カーカフの功績はカウンセリングという用語を捨て、ヘルピングとしたことである。

その思想はこうである。

「今日、カウンセリングをした私が、明日はあなたにカウンセリングをしてもらうことがありえる。カウンセリングとはお互いにヘルプし合うことである。『私カウンセラー、あなたクライエント』と言い切れない。お互いに人間である」

この考えは、ロジャーズが相手を患者とみず来客（クライエント）として遇した発想を越えるものである。カウンセリング心理学にヒューマニティを導入したといえる。

(4) 三ステップの方式（俗称「コーヒーカップ方式」）

以上二つのモデルを越えるものは、いまのところない。モデルのよしあしは使い勝手がよいかどうかである。

私はこれら二つのモデルを単純化して「リレーション→問題の把握→処置」の三ステップの方式（俗称「コーヒーカップ方式」）を用いてきた。

処置の内訳には「リファー」「ケースワーク」「コンサルテーション」「スーパービジョン」「具申」「狭義のカウンセリング（継続面接）」など能動技法を含めている。

さて、伝統的個別対応とカウンセリング心理系のそれとは相異があると前述した。しかしカウンセリング心理系が伝統的個別対応から継承したいフレームがある。それは作業同盟working alliance というルールである。

3　作業同盟の活用

(1)　作業同盟（治療契約）とは

作業同盟とは心理療法で「治療契約」あるいは「治療同盟」といわれているものである。面接の初めにカウンセラーとクライエントが目標・役割・リレーションのもち方について合意しておくしきたりのことである。

① 面接の目標（例：週に三回は登校できるようになる）。
② そのためのカウンセラーとクライエントの役割（例：カウンセラーは毎回宿題を出す。クライエントはそれをこなすこと。無理だと思うときはそう申し出ること）。
③ 二人のリレーションのルール設定（例：毎週一回五十分間カウンセラーの部屋で会う。どんな感情でもカウンセラーは受けとめるから遠慮は不要）。

このとりきめに過度に縛られると情の感じられない、いわゆるプロフェッショナリズム（営業用愛想）になる。カウンセリングは心理療法と違い、クライエントは毎日顔を合わせている生徒や職員であることが多いので、作業同盟がくずれやすい。

しかし、くずれてしまうと日常のつきあいと同じで、つい逆転移をおこしたり、社交会話に終始しがちである。

(2) 作業同盟の意図は「けじめのあるつきあい」

それゆえ、個別対応にかぎらず、打ち合わせや学級づくり、会議や勉強会や課外指導の場合でも、作業同盟の発想が必要である。指導死などは作業同盟のない指導のため、恣意的に、逆転移的に対応した結果ではないかと思われる。

アメリカで私はこう教わった。「クライエントとの支援関係が終結して社交関係になっても、通常の友人と同じつきあい方はしないこと。普通の友達ではなくプロフェッショナルフレンド（仕事で知り合った仲の意）だからである」——これが作業同盟の一例である。けじめのあるつきあい、これが作業同盟の意図である。

「教育カウンセラーは教育のプロフェッショナルである」というときには、作業同盟に縛られる私であるとの自覚を促す意味もある。ヒューマニティという美名のもとに恣意的になることへの自戒がそこには秘められている。

伝統的面接法からの脱却――エンカウンターのある個別面接

私が一九六〇年代以降のアメリカ人教授（カウンセリング分野）から学んだことが本稿のベースになっている。

ある教授が面接中にクライエントから教授自身の結婚事情（marital status）について質問され、平気で答えていた。

「先生、カウンセラーの中立性はどうなるのですか？」と私が問うと、こう答えた。

「君、クライエントが正直に自己を語っているのだから、こちらだって正直に答えるのが礼儀だよ」と。

思うにこれが person to person の胸襟を開いた authentic なリレーションの象徴であった。私の言葉でいえば、エンカウンターのある個別面接がカウンセリング心理系の特色である。

講座6 カウンセリング心理学からみたグループアプローチ

「講座1」で述べたように、私は「どの学派にも共通する要素は何か」を考えた結果、カウンセリングをこう定義した。「カウンセリングとは、言語的および非言語的コミュニケーションを通して、行動の変容を試みる人間関係である」

ここでいう人間関係とは一対一の人間関係（個別対応）とグループメンバー間の人間関係（グループアプローチ）の二つを意味している。

本稿ではグループアプローチの基本問題をカウンセリング心理学の観点から考察したい。グループアプローチとは「グループに働きかけてメンバー個々の成長を促進する（例：自己肯定感を高める）、あるいはグループそのものの成長を意図する（例：学級の凝集性の育成）介入法のこと」である。なぜ、個別対応（室内での面接方式のカウンセリング）だけでは不十分なのか。主な理由が四つある。

1　グループアプローチの意義

(1)　個を受容する風土づくりができる

まずグループアプローチが必要な一つの理由は、個別面接で個が変容してもその変容をグループが受容してくれる風土（文化）がないと元の木阿弥に戻るからである。

例えば、一九九五年以降、二〇一八年の今日にいたるまで、不登校・いじめは減少していない。現行の個別対応志向のスクールカウンセリング事業では、学級（グループアプローチ）に何の対応も企画されていない。それゆえ、個別対応で立ち直っても学級で潰されるからである。

(2)　洞察・気づきの機会がある

グループアプローチが必要な第二の理由は、個別対応で得られない洞察・気づきの機会がグループアプローチにはあるからである。それは生活背景のさまざまな仲間が意図せずに発したコメントが、自他の認知を修正することが少なくないからである。例えばこうである。「あなたは泣き虫だと言うけれど、私など泣けない境遇だった」「私のもとにも子どもはあまり戻ってこないけれど、あなたと違って子どもに見捨てられたという思いはない。親に頼らないほどに独立したのだ。私は子育てに成功したのだと思っている」

(3) 模倣の対象に恵まれる

グループアプローチの有用性の第三は、模倣の対象に恵まれることである。

年長の教師やカウンセラーと違う同格の仲間の言動の実際にふれ、「私もそうしよう」「あれだけはしたくない」と行動選択の場面が多い。特にソーシャルスキル、コーピングスキル（ある状況での対応法）に示唆を得ることが少なくない。

例えば、私はアメリカ人のインターン仲間から、クライエントと親しげに会話はしていても雰囲気にくずれがない対応法を学んだ。いわゆる friendly but firm attitude である。

(4) 試行錯誤の機会が豊か

第四に、グループアプローチは個別対応に比して、試行錯誤の機会が豊かである。どういう場面ではどう対応するとよいかをいやな思いを繰り返しながら身につけていく機会が多い。例えば、昔、私の側近に「お言葉を返すようですが」が常套句の人間がいた。メンバーの中にはこの人間とけんかするもの、口をきかぬもの、体調をくずすものがいた。私は試行錯誤の結果「お世辞」にたどりついた。バーン（交流分析）の裏面的交流である。しかし後味はいまもよくない。自己主張しなかった心残りゆえである。

以上を要約すると次のような結論になる。

グループアプローチには、個別面接のスキルのほかにグループリーダーの資質が必要である。ところが現存のカウンセリング理論は個別対応の理論である。グループアプローチ志向の理論ではない（ただしグループへの応用は集団カウンセリング、グループサイコセラピーなどが試みられていた）。

そこでグループに働きかける場合のフレームになる理論として、グループ理論をカウンセリング心理学に組み入れる必要がある。これがこれからのカウンセリング心理学の仕事の一つとなる。

2　グループ理論

(1)　グループ理論とは

「グループの成長発達に影響する要因は何か」を研究するフレーム、これがグループ理論である。いまのところ、集団力学（group dynamics）と呼ばれるものがそれである。

この集団力学とカウンセリング理論を統合・運用する方法を開発するのが、カウンセリング心理学の仕事である。

私は構成的グループエンカウンター（SGE）が、いまのところ集団力学とカウンセリング理論の統合・運用の典型例であると思っている。

(2)　グループ理論五つの骨子

①　グループとは、複数の人間が目標（goal）を共有し、相互に交流（interaction）している状態のことである。

②　グループの成長発達（group process）に影響する要因として、リーダーシップのパタ

ーン、グループの規範（group norm)、グループの文化・風土、メンバーとリーダーの関係性、メンバー間の交流、目標の設定が考えられる。

③ グループの成長と個の成長の両立のためには、グループの目標に応じて感情交流（personal relation）と役割関係（social relation）のバランスがとれていること。

④ 個にとって居心地のよいグループとは、「自己開示できる」「自己開示を受容してもらえる」「言動を強制されない（自育性・主体性尊重の意）」の条件が考えられる。

⑤ リーダーの資質として自己開示能力とガイダンス能力（指示・教示・庇護・アドボカシー）があげられる。

以上を要約すると、グループアプローチとは、具体的にはリーダーが次の三つのアクションを起こすことである。

① グループをまとめ（凝集性を高めるの意）

② グループを動かし（目標達成に近づく行動を促進するの意）

③ 個々のメンバーを平等にケアする（嫉妬心 sibling rivalry を抑制するの意）

この三つのアクションを起こすときに、カウンセリング理論が役に立つ。

3　グループアプローチにおけるカウンセリング理論の貢献

カウンセリング理論は、グループアプローチにどのような貢献ができるか。主なものは次の三つである。

(1)　グループ体験の意義づけ

グループアプローチではグループに課題（エクササイズ）を与えるのが常である。例えば、シンポジウムのあとフロアでシェアリングする場合は「ビリーフの修正・明確化」という意義を意図しているが、ＰＴＡでのシェアリングは感情交流によるリレーションづくりの意味合いが強いであろう。各プログラムの意味を明確にしないと歓談に終わってしまいがちである。

(2)　グループ状況のアセスメント

グループの状況をアセスメントするとは、抵抗、対抗感情転移（逆転移）、投影、反動形成、知性化を読みとることである。

これをグループの話題にしたほうが、個人もグループも働きやすくなる。黙って見ているだけでは事態に変化が生じないことがある。

(3) グループがクライシスを呈したときの介入法

メンバーやグループがあるクライシスを呈したときの介入法は、カウンセリング理論に示唆を得ることができる。

例えば、ある個人が問題を提起してもメンバーがそれにかかわる能力に限界がある場合、リーダーがグループの前でエンプティチェアやロールプレイや簡便法を用いて介入する。

以上のように、参加者の心的外傷を予防するために、グループリーダーはカウンセリング理論ベースの個別対応法になじんでおく必要がある。逆にいうと、カウンセリング理論を使いこなせないままグループアプローチを展開すれば、参加メンバーに心的外傷を与える可能性が大になるのである。

第Ⅲ部　カウンセリング心理学の研究法

講座7 カウンセリング心理学における リサーチの領域とレベル

本稿では、まず、心理学研究法とカウンセリング研究法との若干の違いにふれ、それを踏まえたうえで、カウンセリング心理学が開拓したカウンセリングリサーチの三つの領域と、カウンセリングリサーチのレベルについてみていきたい。

1 心理学研究法とカウンセリング研究法の差異

心理学科系の科目「心理学研究法」とカウンセリング心理学系の「カウンセリング研究法」とは若干の違いがある。心理学研究法には、心理学が自然科学として誕生したヴント以来の伝統が残っている。すなわち、ラボラトリイ（実験室）の中での実験研究が主流の研究法である。いっぽう、プロフェッショナル心理学に属するカウンセリング心理学では、実験室よりは野外（フィールド）での調査研究が主になる。具体的には次の違いが生じる。

心理学研究法では、

①　理論構築の目的のもと、
②　独立変数・介入変数を正確に統制し、
③　精度の高い（ゆれの少ない）測定具を用いるのが伝統である。

いっぽう、カウンセリングリサーチは、

①　日常問題解決という目的のもと、
②　独立・介入両変数の統制は不徹底のまま、
③　信頼度０・６〜０・７くらいでよしとする測定具を用いることが少なくない。

これに加えて、客観的に事象を観察する心理学研究法に比し、カウンセリングリサーチは現象学的事象（主観の世界）もデータとして認めている。これもまた心理学の観点からみるとカウンセリング心理学はサイエンスの特性に乏しいと映る。

この差異にひるむことなく、カウンセリング心理学は、カウンセリングリサーチの領域として次の三つを開拓している。

2　カウンセリングリサーチの三領域

⑴　考えるリサーチ

まず、「測定するリサーチ」に対比して、「考えるリサーチ」とも称すべきリサーチがある。それは、「定義を考える defining」「概念化を考える conceptualizing」が代表例である。

例えば、「臨床心理士でなければ正規のスクールカウンセラーではない」というビリーフが支配したのは、「臨床心理士」と「スクールカウンセラー」の定義を研究しなかったからである。これは測定の問題ではなく思考の問題である。

概念化も測定（数量化）に対比する作業である。

例えば土居健郎は、アメリカ人のクライエントと日本人のクライエントの立ち居振る舞いのどこかが違うと感じた。この感じを「甘え」の有無ではないかと考えた。すなわち、「甘え」という概念で混淆・曖昧な状況を説明した。これが、概念化という一つのリサーチである。

(2)　事実の発見（測定）

カウンセリング心理学のリサーチ領域の第二は、「事実の発見（測定）」である。事実の発見には主な種類が八つある。

①　ある事柄の頻度（例：喫煙する中学生の割合）
②　ある事柄の強度（例：ＳＧＥへの教師の関心度）
③　ある事柄に関するグループ間の比較（例：ＳＧＥ実施校とそうでない学校とでは不登校生徒の減少率に違いはあるか）
④　ある事柄とある事柄の関係　association（例：夫婦の年齢差と離婚との関係）
⑤　ある事柄とある事柄との相関関係　correlation（例：自己肯定感と学習意欲の関係）
⑥　ある事柄とある事柄の因果関係（例：ＳＧＥ参加体験は自己肯定感を高める）
⑦　ある事柄がどのように変化していくか、そのプロセス（例：個別面接の経過とともに発言内容がどう変化していくか）
⑧　ある事柄の分類・類型化（例：子どもの学級満足度をめぐる学級の類型化）

事実の発見（測定）に八種類あるということは、事実の発見の方法（データ分析）も複数あるということである。

(3) カウンセリングの方法の開発

カウンセリングリサーチの第三の領域は、アセスメント、ストラテジー、インターベンション、プログラムなどカウンセリングの方法の開発である。

学習心理学や神経心理学のような基礎研究では問題解決のハウツーは二義的になるのであろうが、カウンセリング心理学・学校心理学・臨床心理学・リハビリテーション心理学・キャリア心理学など、いわゆる professional psychology（問題解決志向の心理学）では、ある問題を解く方法を開発する仕事が主である。これを提唱し実践しているのが日本教育カウンセリング学会（理事長　河村茂雄・早稲田大学教授）をはじめとする日本スクールカウンセリング推進協議会の加盟団体である。

以上の三領域にわたるリサーチを行う場合に研究計画を立てる。いわゆるリサーチデザインである。このデザインには仮説・母集団・サンプリング・変数の統制（コントロール）・測定具の信頼度・妥当性、変数の操作的定義などが不明確なものから自然科学のように精密にデザインされたものまでレベル差がある。カウンセリングリサーチではレベルが低いリサーチもそれぞれ有意味であると考える。ではレベルの低いものから順に粗述したい。

3　カウンセリングリサーチのレベル

(1)　科学前 pre-science リサーチ

まず「科学前 pre-science リサーチ」といわれるものがある。仮説もない。母集団もサンプリングも統計処理もない。ふとした思い、それもリサーチであると考える。

スキナーは小学生の令嬢の授業参観に行って「これじゃあ子どもがかわいそうだ」とふと思った。それがやがて「プログラム学習 programmed learning」の開発になった。

(2)　事例研究法

第二は事例研究法である。これもまた仮説なし、母集団・サンプリングなし、統計処理なし、測定具もない。ところがこの事例研究法が、①仮説を生む、②事実を発見する、③事柄の本質を把握するのに有効である。いくつかの種類がある。

①　フロイド流の解釈（意味づけ）を用いて仮説を提示する

例えば、上司と折り合いの悪い社員は、父親と不仲だからという感情転移の解釈。日本人のクライエントがカウンセラーに低姿勢なのは甘え感情に由来しているなど。

② 相手の世界を共有し理解する

解釈・説明ではなく、自他一体感を言葉で語る。例えば、戦場で子を失った母の悲しみをレポートして「戦争の悲惨さ」を提示する記者。これは実存主義心理学者クラーク・ムスタカスのスタイルである。

③ 自分の体験から人生事象への対応の原理を提示する

例えば、フランクルは収容所で自分が生き残ったのは、「常に戦後の人生設計を考えていたので、いまここでの苦境に埋没しなかったから」と「将来志向の生き方」を提示した。これは「事実の発見 discovery」というよりは、「現象学的世界の創造 creation」といえる。カウンセリング心理学ではこれもリサーチである。

これがサイエンスかと問う立場もある。しかしカウンセリング心理学では、「知識とは事実と概念のほかに現象学的世界（意味づけの世界）も含まれる」との哲学がある。

④ ナマの素材を手料理して、素材の声を聴く

さて、最後に事例研究法といっても数十例の事例全体から、事実の発見か概念の構築か理論構成を試みる方法がある。

グラウンデッド・セオリー grounded theory と呼称されている。地（グラウンド）に足をつけたリサーチという意味で、私の意訳では「ナマの素材を手料理して、素材の声を聴くリサーチ」である。

例えば、非行少年はぼくたち教師に何を訴えているのか知りたいと考え、五十人の非行少年一人一人と面談した。その記録を分析すると「気持ちを聴いてほしかった」「アドバイスがほしかった」に類する発言が多かった。

これらの発言を分類すると、「カウンセリング」と「ガイダンス」を求めていたのではないかとの仮説が立てられる（この例は室城隆之の研究に示唆を得ている）。

本稿を要約するとこうなる。

科学前リサーチ、事例研究など統計処理のないリサーチ（いわゆる質的研究）を軽視しないのがカウンセリング心理学である。

講座8　カウンセリング心理学研究法の主要考慮事項

本稿では、カウンセリング分野で実証的研究を進めるときの考慮事項（研究方法、研究レベル、リサーチデザイン）を粗述しておきたい。

1　量的研究と質的研究

心理学出身の心理学教授が、教育学出身の心理学教授にこう言った。「ぼくら心理学教授はだれでも統計学が教えられる」と。その語調は「統計学を知らない者は心理学者ではない」と告げているようであった。

いまのところ日本では、カウンセリング心理学関係者は教育学系出身が多数派ゆえ、統計学になじみのない人が少なくない。しかし、スクールカウンセリングではグループアプローチが主軸になりつつある現在、集団の特色を把握する技法として統計学にはなじむ必要がある。カウンセリング心理学関係の論文も統計処理を用いたもの（いわゆる量的研究）が主流になっている。

(1)　量的研究（数字による説明）

しかし教育学出身のカウンセリング心理学者は、統計学に対して心理学出身の心理学者と若干異なる姿勢をもっているように思われる。

統計学は集団の特色を数字で表現する技法である。Ａ高校の生徒の七〇％がＢ大学に合格しているからといって、Ａ高校の山田太郎個人がＢ大学に合格するかどうかはわからない。集団の特色の大筋はわかるが、個々人がどうなるかは予言できない。これは統計学の限界である。統計学は集団対応を考えるときの手がかりとしては有効であるが、個人対応策の根源とするにはリスクがある。ただしリスクはあるが、統計資料はあったほうが個別対応時の判断の不安は少ない。

周知のように統計学では「一・五人」という表現がある。しかし一・五人という実体はない。実体のない概念（例：平均値）が統計学を形成している。

(2) 質的研究（言葉による理解の表現）

これに対し、質的研究（例：事例研究）は、実体のある個人・家庭・組織を集中的に掘り下げて普遍性・本質・全体像を発見し、言葉で表現する（例：文化人類学の参与観察法）。

そこでこう考えられる。統計学では、学生三〇〇〇人中大学に不満のある学生が三人なら気にすることはない（negligible）と判断する。しかし質的研究では、この三人と面談して、三〇〇〇人に共通する問題を発見できるかもしれないと考える。ロジャーズ風に言えば〝To be personal is to be universal.〟という発想である。

統計学には「存在するものはすべて量として存在している。それゆえ測定して認識できる」という前提（哲学）がある。いっぽう、質的研究には「人間の本質は言葉でしか表現できない。数字では語れない」という思想がある。

結論としてカウンセリング心理学は、量的研究（数字による説明）と質的研究（言葉による理解の表現）の両方を、カウンセリング実践上の有用性（usefulness）を考慮して（バランスを考えて）活用することになる。

参考までに、カウンセリング心理学でいう量的研究の四つのレベルを説明しておきたい。

2　量的研究のレベル

①　実態調査（survey）

母集団とサンプルが同一の集団（悉皆（しっかい）調査〔全数調査法〕の意）の特色の調査法（例：クラス全員に「いじめられ体験の有無」を質問紙で調査）。

②　野外研究（field study）

フィールドスタディとは、ラボラトリー外の教室・学校・家庭・地域などを現状のまま事実調査する研究法の意である（例：見合結婚と恋愛結婚とでは夫婦それぞれの満足度に差はあるか）。

野外研究には母集団の定義、サンプリング、介入変数の統制（例：結婚期間を両グループとも同じにする）、測定具の信頼度・妥当性の検証が必要である。仮説は立てられるときと立てられないときがある。後者の場合はパイロットスタディという。

③　実験的野外研究（experimental field study）

独立変数（例：SGE）が従属変数（例：自尊感情）に影響するかどうかを調査するため

に、実験群（SGEを実施するグループ）と統制群（SGEを実施しないグループ）を意図的につくり、比較する方法。母集団・サンプリング・独立変数・介入変数の統制（例：SGE〈独立変数〉の内容・時間・回数・両グループのそれぞれのメンバーの意欲・レディネス〈介入変数〉などをなるべく同じにする）・測定具の信頼度・妥当性の検証など手続きが多い。すなわちリサーチのレベルが高くなる。

④ **実験研究**（experimental study）

基礎心理学の研究は実験室内での実験研究が主流になるが、カウンセリング心理学では治療的あるいは問題解決的カウンセリング（therapeutic or remedial counseling）分野で実験研究を用いることがまれにある程度である（例：ヘビ恐怖をビデオ鑑賞による系統的脱感作法で減少させる方法の研究）。

以上の量的研究のいずれにおいても、最低限次の統計技法と概念になじんでおく必要がある。ｔ検定、カイ二乗検定、相関（correlation）、関連性（association）、因子分析、ノンパラメトリック検定、標準偏差、分散、分散分析等である。

3　リサーチデザインの留意事項

さて、リサーチで大事なことはリサーチデザインをつくることである。慎重に吟味したデザインが出来上がったら、あとは事務的にその手順どおりにこなしていけばよい。デザイン作成時の留意事項が五つある。

① 有意義なリサーチトピックの吟味・選定

有意義とは個人・グループ・地域・組織が困っていること（unmet needs）を解決するという公共性があるかどうか吟味すること（自分個人の関心だけではリサーチトピックとしては不十分）。カウンセリング心理学はプロフェッショナル心理学であるから、日常の役に立つ研究が主になる。

② キーコンセプトの定義がクリア

例：「明るい学級づくり」の「明るい」を定義し、さらにそれを測定可能にするため操作的定義をつくる。

③　仮説のベースを明示する

仮説のベースとは、例えば、①既存の理論、②先行研究の事実、③事例・事件、④個人体験など。仮説が立てられない場合はパイロットスタディか質的研究を検討する。

④　介入変数の統制（コントロール）に配慮する

例えば、ＳＧＥの効果測定の場合、実施者の経験量が効果に影響するので、経験量が独立変数（ＳＧＥ）の介入変数になる。また被験者のモチベーションや級友同士の親密度が効果に影響するから、これらは従属変数の介入変数になる。ここで介入変数を統制しておかないと、追試や比較が不正確になる。

⑤　「考察」――理論ベースに、何の役に立つかを論じる

研究報告で一番大事な項である。研究者の学識が問われる項である。この項でふれるべきことは最低二つある。

一つはなぜこういう結果になったのかの説明を、理論ベースに論じることである。仮説が検証されなかった場合はその理由（例：仮説の吟味不十分、サンプリング・測定具に問題ありなど）を論じること。「仮説が検証されなかったので研究は失敗した」というのはイラショナルビリーフである。

考察の項でふれるべき第二の事柄は、その研究結果がカウンセリングにどのような示唆（implication）を与えているかである。すなわち、何の役に立つかである。例えばアセスメント、インターベンションあるいは生活様式・文化・生き方にどのような示唆を与えているかを論じることである。

最後に文献研究にふれておきたい。観点は三つある。

①　自分の研究テーマはすでに研究されているのではないかの点検。

②　先行研究のどこを引き継いで研究を進めるか（例：対象、測定法、サンプルサイズ、定義などの修正・追試）。

③　先行研究の未開拓分野を発見する。

ところで、文献の紹介・解説は文献研究ではない。

文献研究とは言えないものを列挙しておく。①文献の寄せ集め・ダイジェスト版。②体験記・航海日誌風・エッセイ風は研究にあらず。概念化の乏しいもの（実況報告記事）。③檄文風。説得は研究にあらず。④啓発・指南風は研究にあらず。

第Ⅳ部　カウンセリング心理学の背景と今後

講座9　カウンセリング心理学の哲学的背景

カウンセリング心理学は行動科学である。ということは自然科学の色彩の強い基礎心理学（例：認知・学習・神経・生理・記憶・発達などの心理学）に比して、実証性になじまない哲学と縁が深いということである。どのように縁が深いか。それが本稿のテーマである。カウンセリング心理学には三つの局面（顔）があるので、各局面ごとに説明したい。

1　対処法としてのカウンセリング心理学における哲学思考の役割

(1)　人の心に響く面接を行うためには人生哲学が必要

実践法としてのカウンセリング心理学に哲学思想が必要な理由は三つある。

第一の理由は、フロイドが語っている。「精神分析療法の技法」という本をフロイドは書かなかった。なぜか。「書くとみんながそれをまねるだろう。分析者が自分の思いを込めて自由に動かないと人の心に響く面接にならないからである」と。

自分の「思い」とは何か。私の解釈ではカウンセラーの人生哲学（思想・ビリーフ）のことである。いまのところ主要なカウンセリング理論（精神分析理論、自己理論、行動理論、特性・因子理論、交流分析理論、ゲシュタルト療法理論、論理療法理論、実存主義的アプローチ）には共有する哲学思想がある。「人間にはそれぞれ自分のありたいように生きる権利がある」がそれである。この思いを表現伝達するために、洞察・リレーション・行動・認知に関する理論と技法を創造的に駆使する。したがってカウンセリングは、思想・理論・技法・パーソナリティを背負っている図になる。

(2) 人生問題には価値感を打ち出す哲学思想が必要

第二の理由は、人生問題は理論・技法だけでは対応できないことが少なくないからである。すなわち、エビデンスベースとはいえない哲学思想、特に価値観を打ち出さないと行動選択ができない場合がある。例えば、「教育学は何の役に立つのか」との私の問いに教授は答えた。「学問は役に立つ立たないではない。ひたすら勉強したまえ」と。これはカウンセリング問答ではなく哲学問答である。プラグマティズムと観念論哲学の対話である。

カウンセラーは自分の哲学思想を意識し、必要ならばそれを開示する必要がある。そして相手の哲学思想を把握するために、幅広く哲学思想になじんでおく必要がある。

(3) 意味づけ（解釈）に哲学思想が役立つ

第三の理由は、ある事象に対して何らかの意味づけをしないと行動が起こせないことがあるからである。意味づけ（解釈）は理論を用いてできることが多いが、思想に頼らざるを得ないことも少なくない。典型例を一つ。戦艦大和が海上特攻として沖縄に向かっているとき（一九四五年四月）、若い士官たちが「負けると知っていてわざわざ死にに行くのは犬死だ」と悩んでいた。そのとき臼淵太尉がこう語った。「俺たちが死んで戦が終わる。戦が終わったら新しい日本が生まれる。俺たちは新しい日本を生むために死にに行くのだ」

人生では意味を発見しないと生きづらいことが多々ある。罪意識・死の不安・迷い・悲哀。超克にはエビデンスだけでは不十分と思われる。思想のベースは宗教・文学・歴史・社会文化・個人体験など多様だが、カウンセリング心理学の思想は哲学がベースである。

2　研究法としてのカウンセリング心理学における哲学の役割

研究の核概念は「事実」である。「事実の発見」「事実の概念化」「事実の修正法の開発」などがカウンセリングリサーチの内容である。

ここで問題になるのが「事実とは何か」である。これは哲学の三大任務の一つ、存在論（ontology）の問題である。

(1)　事実とは何か（存在論）からみる研究法

①　プラグマティズムの立場――量的研究志向

例えば、プラグマティズムの立場をとれば次のような前提を立てる。「この人生では究極的に存在するものはすべて量として存在している。それゆえ測定し数量化できる」

数量化できるとは、万人が等しく認識できるということである。それを事実という。したがってプラグマティズムに立つ特性・因子理論や行動理論は量的研究となる。

② 現象学の立場――質的研究志向

ところが、現象学に立てば「存在しているのは受け取り方の世界（認知の世界）である」が前提である。

それゆえ、客体よりは主体の内的世界を把握する研究法（例：事例研究法）をとる。すなわち質的研究志向になる。実存主義的アプローチ（代表例：フランクルの実存分析）がそれである。

③ 自然主義の立場――臨床面接を介しての解釈法

山川草木と同じように人間にも自然の法則が先天的に内在している。これが人間の本質である。精神分析（まず快楽原則ありき）、初期のロジャーズ（非指示志向）がその例である。

この立場では、内在する自然の法則を発見するのがリサーチの内容になる。発見する方法は実験法ではなく臨床面接を介しての解釈法による。

3　知識体系としてのカウンセリング心理学における哲学の役割

学問とは知識体系である。そこで知識とは何かを定めておく必要がある。これは哲学の仕事である。

結論からいえば、カウンセリング心理学という知識体系の「知識」とは、①実証された事実、②事実から抽出された概念、③概念の束である理論、④概念と概念、理論と理論の関係の論理（必然性の説明）のことである。

(1)　経験主義哲学と観念論哲学

そう述べる根拠は、すべてのカウンセリング（実践も研究も）は経験主義（empiricism）の哲学に立っているからである。

イメージではこうなる。ユングがフロイドから去ったあと、フロイドは弟子たちにこう告げた。

「ユングは天に昇った。われわれは地上にとどまろうではないか」

意味はこうである。「われわれは観念論哲学（idealism）を選ばず、経験主義哲学で進もう」

観念論とは、「この世には目に見えない永遠不滅の絶対真理がある（例：神、イデー、絶対精神）。その永遠不滅の理に従って生きるのだ」という考えである。

これとは対照的に経験主義では、「五感で認識できる世界が真の世界であるとの前提を共有しようではないか。永遠不滅の道理があるとかないとか議論するのは生産的ではない」と考える。

(2) カウンセリング心理学のフレイムは経験主義哲学

したがって、「バラは美しい」「結婚は恋愛の墓場である」「臨床心理学はスクールカウンセリングの基礎学である」「エンカウンターより忘年会の方がふれあい効果がある」などは、「感情表現」「任意の意味づけ」「論理性の貧困」「実証不足」であり、経験主義に立つカウンセリング心理学の知識体系にはなじまない。

しかし「実証と論理」にこだわらない観念論哲学に立つものはカウンセリングをしてはならないわけではない。自分の哲学的立場を開示し、クライエントがそれを了承すれば問題はない（例：教会カウンセリング）。

参考までに、ロジャーズが神学からカウンセリングに転じたのは「ある職業に就くことによって、ある特定の思想しか持ち得ない不自由さに耐えられなかったからだ」という。

カウンセリング心理学のフレイムになっている経験主義哲学には、自然主義・プラグマティズム・実存主義・論理実証主義などがある。

カウンセリング理論についてカウンセリング心理学は、折衷主義・統合主義を実践上のプリンシプルにしてきたように、思想・哲学についてもカウンセリング心理学は、折衷主義・統合主義をプリンシプルにしている。アルバート・エリスが代表例である。

講座10 カウンセリング心理学とその隣接分野との比較

日本のスクールカウンセリング事業は、平成七（一九九五）年以降、臨床心理学ベースで進められてきた。すなわち、カウンセリング心理学や学校心理学ベースのカウンセラーには正規のポストのオファーがなかった。

なぜか。次の仮説が考えられる。

教育行政にも心理学界にも、臨床心理学（Cl.P）、カウンセリング心理学（Co.P）、学校心理学（Sc.P）、それぞれの学問領域の識別が乏しかったのではないか。

そこで本稿では、これら三つの心理学の特色（効能）を考察したい。

考察の観点は、①目的、②対象、③扱う問題、④方法、とした。

三つの心理学の特色（効能）の考察

(1) 目的

○ カウンセリング心理学――人間が生涯にわたる発達課題を解決して成長発達するのを支援するのに必要な理論・方法の研究開発の提供が目的である。

○ 学校心理学――学校生活に限定された空間の中で、子どもの問題に対応できる教育環境（例：チーム支援システムづくり）を構成するのに必要な、理論・方法の研究開発・提供が目的である。

○ 臨床心理学――異常行動（pathological）の治療に有用な、心理学的理論・方法（medicalではないの意）を研究開発・提供するのが目的である。

(2) 対象

○ カウンセリング心理学――研究対象は、幼児から高齢者までを含むすべての健常者である。健常者でない場合はポジティブ面に働きかける。ここでいう健常者とは、問題を抱えつつも現実原則に従って生きている人の意である。

○　学校心理学――研究対象は、児童生徒および教育環境（例：保護者と教職員の連携）である。

○　臨床心理学の対象――研究対象は、心的障害をもつ子ども・成人・高齢者である。メンタルヘルスの向上維持を目的にすればすべての人間が対象になる。しかしこれはカウンセリング心理学や学校心理学が「予防・開発」のフレームで実践してきている。

(3) 扱う問題

○　カウンセリング心理学――扱う問題はすべての人間が人生で通過する発達課題である。例えば甘え体験、離乳、心理的離乳、友人関係、進路、職場、育児、転退職、独居など。これらを概念化すれば「個体間（inter-personal）」または「個体と環境間（personal-environment interaction）」の問題といえる。

○　学校心理学――メンタルヘルス、心理教育的アセスメント、特別支援が、学校心理学が扱う主たる問題である。カウンセリング心理学はキャリア教育を扱うが、学校心理学はキャリア教育よりも特別支援教育にウェイトを置く。

○ 臨床心理学――カウンセリング心理学のそれとは対照的に、個体内（intra-personal）の問題を扱う。個体間あるいは個体と環境間の問題（例：社会性の育成、キャリア選択）は現時点（カレント current の意）の問題であるが、個体内の問題の多くは過去の体験が未解決のまま現在まで持ち越されてきたものである。その主たる内容は、不安・恐怖・固着（定着）・罪悪感・葛藤・アンビバレンス・防衛機制である。

(4) 方　法

扱う問題と扱う目的に差があるということは、扱う方法にも差があるということになる。

○ カウンセリング心理学の方法上の特色

すべての人を対象に成長発達の支援をするには、グループ対象（例：学級・組織）に働きかけるほうが効率的かつ効果的である。このグループアプローチがカウンセリング心理学の方法上の特色の一つである。

構成的グループエンカウンター（SGE）、ソーシャルスキル教育、サイコエジュケーション、対話のある授業（例：アクティブラーニング）、キャリア教育、サポートグループ、ピアグループ、スーパービジョンなどがその例である。

カウンセリング心理学の方法上の第二の特色は、個のアセスメント（例：認知または知能検査、性格検査）のほかに、グループ（例：学級）のアセスメントを重視していることである。例えば、日本では河村茂雄が開発した「Q-U尺度」が学級を育てるのに有効との定評がある。

第三の特色は、個人面接における簡便法（brief method）の導入である。精神分析療法や来談者中心療法のように、毎週一回四十分ないし五十分の面接を数十回ないし百回以上を要する伝統的面接法の時代は終わった。不定期に数回、一回十五分くらい。これが簡便法のイメージである。いまのところ論理療法（エリスのREBT）がそれである。

○ 学校心理学の方法上の特色

第一の特色は、間接的支援（indirect service）である。

カウンセリング心理学は直接的支援（direct service）である。「直接的」とは子どもに直接かかわるという意味である。例えばSGEもソーシャルスキルも、子どもに「して見せて、させて、フィードバックする」という作業をする。

これと対照的に「間接的」とは、例えばソーシャルスキル教育の年間計画と担当者を決める会議を主催する（コーディネート）が、学校心理士自身がソーシャルスキル教育を子どもに指導するわけではない。これが「間接的」の意味である。したがって学校心理学のキャッチフレーズは、チーム支援、コンサルテーション（打ち合わせ）、コーディネーション（連絡調整の世話役）となる。

第二の特色は、心理教育的アセスメントになじみが深いことである。通俗的な説明であるが、一九六〇年代のアメリカの大学院はこう表現していた。「カウンセリング心理学はインターベンション、教育心理学はアセスメント」。学校心理学は教育心理学を母体として誕生したのでアセスメントに強いのだと考えられる。日本に学校心理学を最初に導入した石隈利紀の指導教授カウフマンは、心理テストのヒューマニスティックな活用法を提唱した著名学者である。

第三の特色は、特別支援教育にコミットしていることである。学校心理学という分野を立ち上げたウィトマー（ヴントの学生）は、臨床心理学の旗揚げをしたペンシルバニア大学教授である。それゆえカウンセリング心理学よりも問題解決志向remedial といえる。

○　臨床心理学の方法上の特色

アセスメントとインターベンションの二つである。

一つはアセスメントに投影法検査（例：ロールシャッハ検査）を必須にしていることである。それは無意識界を理解するためである。カウンセリング心理学も学校心理学も投影法は用いない。セルフレポート式検査が主である。

もう一つの特色は、インターベンションが心理療法ということである。カウンセリング心理学の主たるインターベンションはカウンセリングである。学校心理学の主たるインターベンションは、コンサルテーションとコーディネーションである。

カウンセリングもコンサルテーション・コーディネーションも、共通点は「現実原則に従って生きている状況の中での行動変容」をめざしていることである。

これとは対照的に、心理療法は「現実原則から一時的に解放された空間で」定期的に一定時間、安定した人間関係を体験する。

心理療法の結果、クライエントは現実原則の世界に戻るわけであるから、心理療法家は現実原則の世界（学校教育や職場）について理解が必要である。同じようにカウンセリングやコンサルテーション・コーディネーションの立場からは、「異常行動や特別なニーズのある人」への対応は、心理療法の支援が必要であると考えることである。

講座11 カウンセリングサイコロジストの仕事と養成

カウンセリング心理学の博士課程を修了した者をカウンセリングサイコロジストと称している。教育カウンセラー、ガイダンスカウンセラーなどのプロフェッショナルカウンセラーの防人（擁護支援者）である。本稿では、①カウンセリングサイコロジストとプロフェッショナルカウンセラーの比較、②カウンセリングサイコロジストの仕事の領域、③カウンセリングサイコロジストの養成の原理にふれたい。

1 カウンセリングサイコロジストとプロフェッショナルカウンセラーの比較

カウンセリングサイコロジストは、プロフェッショナルカウンセラーの指導者・教授者である。それゆえ前者は、知識と技能と態度において後者の模倣の対象または先導者であることが期待されている。前者はサイコロジスト、後者はカウンセラーであるが、その意味はサイコロジストはリサーチにウェイトがあり、後者は実践（practice）志向ということである。カウンセリングサイコロジストを通称 scientist-practitioner model, research-professional model（研究ファースト、実践セカンド型）、カウンセラーをその逆に practitioner-scientist model, professional-research model（実践ファースト、研究セカンド型）といっている。しかし米国の調査では、カウンセリングサイコロジストで大学での研究者になった人は過半数で、残りはセンターや施設や個人開業などの実践（相談・治療 remedial）に従事している。

教育カウンセラーやガイダンスカウンセラーは、サイコセラピイの実施を期待されていない。しかしカウンセリングサイコロジストはクリニカルサイコロジスト（臨床心理学者）と重なる仕事（心理療法的）もする。日本の臨床心理士はアメリカのフレームでみるとメンタルヘルスカウンセラーかサイコセラピストであり、クリニカルサイコロジストとは言いがたい。これと対照的に教育カウンセラー・ガイダンスカウンセラーはサイコセラピイに特化したカウンセリングではない。教育とキャリアに特化したカウンセリングである。このカウンセリングの学問的擁護と支持をするのがカウンセリング心理学である。

2　カウンセリングサイコロジストの仕事の領域

カウンセリングサイコロジストがプロフェッショナルカウンセラーの防人（アドボケイター advocator）であるとは、次の四つの領域で活躍することを意味している。すなわち、研究・実践・教授・スーパービジョンである。

①　研　究――現場では仕事をしているカウンセラーの研究テーマは、日常の出来事を素材にした実践研究が主になる。例えば、学級開きにはどのようなエクササイズが有効か、面接は予約制・非予約制とどちらのほうが有効か。

これとは対照的に、学校現場に直接関与していない心理学研究者（その多くは大学人）は母集団を拡大して、適用範囲の広い事実・概念化・理論化を意図した研究になることが多い。

②　実　践――カウンセリングサイコロジストは個別カウンセリングとグループアプローチの両方をこなせるスキルが必要である。体験的理解がないと講義もスーパービジョンも現実の役に立たないからである。

③　教　授――小・中・高校ではアクティブラーニングが提唱されているが、プロフェッショナルの教育では必要な知識と技能と態度はもれなく、体系的に教える必要がある。講義をせず学生に討論させるだけの授業は人間教育には有効であるが（例：ＳＧＥのシェアリング）、専門家の育成には不十分である。
上げ底の講義にならないためには授業者は「自分は何を知らないか」を知っておく必要がある。

④　スーパービジョン――スーパービジョンとは実践上の自己盲点を指摘（フィードバック）する指導法のことである。例えば「今日の授業はみんながうるさくて……」と報告する学生に、「みんなとは四〇人全員のことか？　次回にはほんとうにみんなかどうか数えてくること、なぜうるさいのかそのわけも調べること」――こんな指示を出す。これがスーパービジョンの一つの場面である。
このスーパービジョンを個別カウンセリングとグループアプローチの両方についてできることがカウンセリングサイコロジストに期待されている。

3　カウンセリングサイコロジストの養成

教育カウンセリングやガイダンスカウンセリングの発展のためには、カウンセリングサイコロジストの養成が不可欠である。しかしいまのところ、日本にはカウンセリング心理学の博士課程は少ない。そこでカウンセリング関係の学会員で research, practice, teaching, supervision のリーダーを志す人は、アメリカのカウンセリング心理学博士課程を参考にして少しずつ制度づくりを進めてはどうかと提案したい。

カウンセリングサイコロジストになるには座学三・四年、インターン一年、論文一年、計五・六年かかる。この年月の内容は四つの体験である。

①　コースワーク――科目は個人差がある。神学出身者は哲学の科目は履修しない。ソーシャルワーク出身者はソーシャルワークの代わりに学習心理学といったぐあいである。必要単位数は全員同じ。ポイントはどの科目もAかBでないと途中で落第というストレスがあること。それゆえ猛烈に読書して主要事項は全部暗記する。院生の多くは家族をもっているので、仕事と家庭とコースワークを乗り越える体力と知力が必要。

②　インターン――常勤一年のインターン期間にスーパービジョンと教育分析を受ける。スーパービジョンは異なる学派のスーパーバイザー数人から受けるのが理想的である。対応の仕方はさまざまあることを体験すると思考が柔軟になる。

③　全科試験――人の人生に関与する人間は、関与するのに必要な知識・技能・態度を学習しておくのが職業倫理である。それゆえ学位論文に取りかかる前に論文作成の条件として知識の質と量を審査する。「いい加減な人間を卒業させると市民に迷惑をかけることになるから」である。過去三・四年間の座学で得た知識を全部思い出して整理して頭に入れて試験に臨むのである。そのための勉強が終生役に立つ。自分は何を知らないかが確認できるので、その後の研究領域の深化と拡大の手がかりにもなる。

④　学位論文――論文は世間を驚かせるようなものでなくてよい。リサーチとは何かを体験学習するのが目的である。院生の財政範囲で一年くらいで完了できるテーマでよい。こんな風土のなかでリサーチのスーパービジョンが続く。教授が転勤しても見捨てはしない。指導と審査完了までつき合ってもらえる制度が標準である。論文審査は教授四人くらいの委員会で行う。公開の場で発表させ通りすがりの教授が思いつきで介入し、発表者をつるしあげする制度はカウンセリング心理学の文化ではない。

エピローグ　日本におけるカウンセリング心理学の拓く道

カウンセリング心理学が日本の社会に貢献するためには、何をどうすればよいか。これを本書の最後に述べたい。

私は日米での見聞・体験学習・研究を通して、日本の同学者に提示したいトピックスが五つある。

1　カウンセラーの実家としてのカウンセリング心理学

カウンセラーという実践家（practitioner）が意識しておくべきことがある。それは自分の役割が準拠している知識体系の自覚である。すなわち、問題解決（remedial）、予防

(preventive)、開発(developmental)の三つの仕事をする場合の原理原則はカウンセリング心理学であるとの自覚をもつことである。

勤務先は学校・企業・病院・相談センターなど異なっていても、カウンセラーというプロフェッショナルアイデンティティをもっているなら、自分の言動のベースはカウンセリング心理学であるとの自覚をもつこと。これがプロフェッショナルカウンセラーの条件である。

そのわけはこうである。心理学は研究志向の知識体系である。それゆえ、実践者が恣意的あるいは個人的見解ではなく研究志向の学問をベースに判断するのは、クライエントに対する職業倫理だからである。

したがって、たとえていえば、カウンセリング心理学とカウンセラーとの関係は、故郷の父母が成人した子どもを誇りにしている図に似ている。

これは具体的には、カウンセラーとカウンセリングサイコロジストが共同体(学会・協会・研究会)をつくって、現場(realism)と学問(academism)の融合を志すことである。NPO日本教育カウンセラー協会や日本教育カウンセリング学会がその例である。

2　カウンセリング心理学はプロフェッショナル

(1)　三つの心理学が同格ではない現状

サイコロジーの主要部門であるアメリカでは、一九八〇年代ごろから臨床心理学・学校心理学・カウンセリング心理学の「対立から協調へ」の提唱がされ始めた。

そしてやがて、professional psychology の大学院または研究所が設立されるようになった（例：クラーク・ムスターカスは Michigan School of Professional Psychology という研究所を主宰していた）。

ところが日本では、臨床心理学系の臨床心理士の有資格者でないと心理学科の教員に採用されにくい時代が一九九五年から二〇一八年の間続いた。

そのあと、二〇一八年から発足の公認心理師のカリキュラムに、臨床心理学と学校心理学はリストアップされているが、カウンセリング心理学という科目名は見当たらない。すなわち日本では現在、臨床心理学・学校心理学・カウンセリング心理学は、アメリカとは異なり、同格ではない。

(2) プロフェッショナルサイコロジーの枠組みづくりの気運をつくれ

そしてプロフェッショナルサイコロジー（基礎心理学ではなく、実践的応用的心理学の意）という概念も普及定着していない。

どうすればよいか。カウンセリング心理学がリーダーシップをとって、プロフェッショナルサイコロジーという枠組みづくりの気運をつくることである。

そのための条件が一つある。

それはこれら三つの心理学のアイデンティティを鮮明にすることである。「心の専門家」「心の健康増進」「自己実現」「自分らしいあり方」など、三者の識別には有用とは言いがたいキャッチフレーズは用いないことである。

三つの心理学者の特色を文章表現するのが共存・コラボレーションの条件である。すなわち学問的なアイデンティティが不明瞭ということは、チーム支援のメンバーとして自分のスタンスを定めにくい。

3　カウンセリング心理学はすべての援助職に開かれている

(1)　万人の日常生活の役に立つカウンセリング心理学

カウンセリング心理学は健常者の発達課題を研究対象にするので、「万人の日常生活の役に立つ」のが特色である。子どもでも大人でも相手にする。学業でも結婚でも育児でも相談に応じる。それゆえ「何でも屋」心理学（ジェネラリスト）にみえる。

いっぽう、臨床心理学者は精神障害・精神疾患を主たる対象とするので何でも屋ではなくスペシャリストといえる。スペシャリスト用の臨床心理学の門は狭い。すなわち学部で心理学を専攻したものでないと大学院に入りにくい。

論理療法のアルバート・エリスは学部は経営学科であった。それゆえ臨床心理学の大学院に入るために心理学を履修し、心理学の試験を経てやっと大学院に入れた。

(2)　ジェネラリスト志向の心理学のメリット

これとは対照的に、ジェネラリスト用のカウンセリング心理学は、学部や修士課程の専攻不問で受験させる。周知のようにカール・ロジャーズは学部は史学科、修士課程は神学であったが、博士課程はカウンセリングである。筑波大学大学院カウンセリング専攻（私の旧職場）の院生は、教員・会社員・ナース・管理職・養護教諭・相談員・企業研修担当者・新聞記者・労組幹部・教会関係者などさまざまである。

この多様なキャリアの院生を介して、カウンセリング心理学が人生のいたるところで活用されることになる。ナースの仕事、人事部長の仕事、ＰＴＡ役員の仕事のなかにカウンセリング心理学が導入されるということはカウンセリング心理学の生活化である。これはジェネラリスト志向の心理学のメリットである。

ところで、今後のリサーチに待ちたいことが一つある。一八歳から心理学一筋で生きてきた心理師と、政経・福祉・教育・文学などの世界からカウンセリング心理学に転じたカウンセラーとでは、クライエントに与えるインパクトの質と強度に差があるかどうかのリサーチが望まれる。

4　カウンセリング心理学の特色としてのリーダーシップ

カウンセリング心理学の扱う問題は個体内の問題（過去の未解決の心理の問題を引きずって生活しているの意）ではなく、個体間の問題（現時点で抱えている問題の意。代表例：発達課題）である。それゆえ、個と個、個と環境、グループとグループの関係に働きかけることが主になる。すなわち、インタビュアーよりもリーダーの役割が多くなる。

そこでカウンセリング心理学は、伝統的な面接法にとどまってはならない。

①グループや組織をまとめる・動かす・メンバーを育てるという三つの仕事をこなすリーダーシップ、②学習や成長やシステムづくり、組織の風土づくりの音頭をとるリーダーシップ、③各種ハラスメント・差別・偏見などに対する社会正義の言動を示すリーダーシップ（例：カウンセリング心理学修士は正規のスクールカウンセラーとして採用されない制度を改める運動）、などを発揮することが望まれる。

時代・文化の変動に応じて現代人支援の理論と方法を研究するのがカウンセリング心理学である。

5　カウンセリング心理学プラス

カウンセリング心理学の知識だけでは対応しにくい「時代の問題」がある。グローバル化とテクノロジーの発達に伴う問題である。グローバル化で他国から、異なる価値観・理論・方法が導入されると選択も問題が生じる。このとき自分の哲学がないと振り回される。ユングがフロイドと袂を分かった後、フロイドは弟子を集めてこう言った。「ユングは天に昇った。われわれは地上にとどまろうではないか」。フロイドは経験主義の哲学をもっていたので観念論哲学には手を染めなかった。しかし、これからは、自分の哲学をもつだけでなく複数の哲学になじむことが大切である。これが「カウンセリング心理学プラス」の意味である。

テクノロジーが発達し、ロボットが人間の仕事を奪う時代になると、残る仕事はケア関係のもの（例：教育）であろうとの説がある。とすれば心理学はサイエンスを超えるもの（ヒューマニティ）を必要とするであろう。

カウンセリング心理学は、多様な人間の相互理解を促進するために学問としては文化人類学を、方法としてはＳＧＥを導入することである。これが「プラスその２」である。

【著者紹介】國分康孝（こくぶ・やすたか）

1930年、大阪に生まれる（本籍は鹿児島）。東京教育大学、同大学院に学びつつ、霜田静志門下として精神分析を研修。1955年、久子と結婚。関西学院大学助手を経て、米国メリルパーマー研究所インターンシップ、実存主義的心理療法者のクラーク・ムスターカスに学ぶ。ミシガン州立大学大学院カウンセリング心理学専攻博士課程修了（Ph.D.）。多摩美術大学助教授、フルブライト交換研究教授、東京理科大学教授・筑波大学教授・聖徳栄養短期大学（現：東京聖栄大学）教授、東京成徳大学教授・副学長・名誉教授。日本カウンセリング学会理事長・会長、ＮＰＯ日本教育カウンセラー協会会長、日本教育カウンセリング学会理事長、一般社団法人日本スクールカウンセリング推進協議会理事長を歴任。2013年瑞宝小綬章受賞。著書多数。2018年4月逝去。

【監修者紹介】國分久子（こくぶ・ひさこ）

1930年、平壌に生まれる。活水女子短期大学英文科卒業。関西学院大学でソーシャルワークを専攻したのち、霜田静志に精神分析的教育分析を受ける。その後、アメリカで児童心理療法とカウンセリングを学ぶ。米国メリルパーマー研究所インターンシップ、ミシガン州立大学大学院児童学専攻修士課程修了（M.A.）。千葉短期大学教授、千葉商科大学教授、横浜市立大学非常勤講師、青森明の星短期大学客員教授。日本カウンセリング学会常任理事、ＮＰＯ日本教育カウンセラー協会理事、日本教育カウンセリング学会常任理事、一般社団法人日本スクールカウンセリング推進協議会理事を歴任。著書多数。

講座　カウンセリング心理学

二〇一九年六月十日　初版第一刷発行［検印省略］

著　者　國分康孝©
監修者　國分久子
発行人　福富　泉
発行所　株式会社　図書文化社
〒一一二・〇〇一二　東京都文京区大塚一・四・一五
電話　〇三・三九四三・二五一一
FAX　〇三・三九四三・二五一九
振替　〇〇一六〇・七・六七六九七
http://www.toshobunka.co.jp/

組版・印刷・製本　株式会社　厚徳社
装　幀　中濱健治

ISBN 978-4-8100-9727-6 C3037